Reitabzeichen

Autorin:
Ute Schmidt wurde 1965 in Passau geboren. Auf dem elterlichen Anwesen war sie schon als Kind von vielen Tieren umgeben, darunter auch Arbeits- und Kutschpferde.
Unter Aufsicht des gestrengen Großvaters, der Rittmeister war, lernte sie schon von klein auf viel über Aufstallung, Gesunderhaltung und Fütterungstechniken.
Fundierten Reitunterricht bekam sie ab dem zehnten Lebensjahr in Dressur und Springen.

1996 zog sie nach Hamburg, wo sie sich ihren Traum von einer eigenen Reitschule erfüllte.
Sie lebt mit ihrer Familie auf einem Resthof im Südosten von Hamburg, wo sie auf ihren Friesenpferden Kinder und Jugendliche unterrichtet.

Illustratorin:
Mirella Sperling

Titelfoto:
Ariane Lange

Bebilderung Rückseite:
Wikipedia

ISBN - Nummer 978-3-7386-3744-1

Bisher erschienen:
Reitabzeichen 4	ISBN – Nummer 9783756215188
Reitabzeichen 5	ISBN - Nummer 9783746092966
Reitabzeichen 6	ISBN - Nummer 9783739243177
Reitabzeichen 7	ISBN - Nummer 9783739207667
Reitabzeichen 9	ISBN - Nummer 9783734793226
Reitabzeichen 10	ISBN - Nummer 9783734761102
Reitabzeichen 10 (englisch)	ISBN - Nummer 9783748133483
Pferdeführerschein Umgang	ISBN - Nummer 9783750437210
Pferdeführerschein Reiten	ISBN – Nummer 9783751984218
Longierabzeichen 5	ISBN - Nummer 9783741237454
Bodenarbeit Teil 1	ISBN - Nummer 9783746050133
Trainerassistent	ISBN - Nummer: 9783750435209

Ergänzendes Übungsmaterial in Form von Smartphone-Apps ist im Google Play Store erhältlich.

Dieses Buch gehört:

Inhaltsverzeichnis

Kapitel 1: Ausrüstung für Pferd und Reiter

Wie ist der Reiter für die Bahn ausgerüstet?	☐ Der Reiter benötigt Reitstiefel, Reithose, einen passenden Helm und eventuell auch eine Sicherheitsweste. Handschuhe sind Pflicht, eine Gerte ist manchmal sinnvoll.
Was muss man beim Helm beachten?	☐ Ein guter Helm ist das Wichtigste. Er muss gut sitzen und mindestens eine Dreipunkthalterung haben.
Was sollte man bei den Reitstiefeln beachten?	☐ Es gibt Reitstiefel aus Kunststoff oder aus Leder. Man kann allerdings auch Stiefeletten mit Chaps benutzen. Die Stiefel sollten bis in die Kniekehle reichen. Reiten mit Turnschuhen ist sehr gefährlich, da man damit im Steigbügel hängen bleiben kann.
Was sollte man bei der Reithose beachten?	☐ Reithosen gibt es in sehr unterschiedlichen Qualitäten. Man sollte aber beachten, dass die Sitzfläche und/oder die Innenseiten der Reithose mit einem rutschfesten Material ausgestattet sind. Dies nennt man auch den „Besatz".
Was beachtet man bei der Sicherheitsweste?	☐ Die Sicherheitsweste darf nicht auf Zuwachs gekauft werden. Sie muss sehr genau passen und sollte möglichst körpernah getragen werden – also nicht über dicke Pullover oder Jacken.
Wie rüstet man das Pferd für die Reitbahn aus?	☐ Das Pferd benötigt einen gut angepassten Dressur-, Spring- oder Vielseitigkeitssattel, ein passendes Reithalfter und eventuell Hilfszügel. Manche Pferde benötigen auch Bandagen oder Gamaschen zum Schutz der Beine. Bei großer Kälte, oder wenn das Pferd geschoren wird, benötigt es vielleicht auch eine Decke.
Wie passt man dem Pferd ein Reithalter korrekt an?	☐ Der Nasenriemen sollte maximal zwei Fingerbreit unter dem Jochbein lieben, da er sonst die Atmung behindert. Das Gebiss sollte ein bis zwei Maulfalten bilden. **Aufgabe:** Baue ein Reithalter korrekt zusammen und passe es Deinem Pferd an.

Kapitel 2: Hilfsmittel und Hilfszügel

🐴 Welche Hilfsmittel gibt es beim Reiten?	☐ Hilfszügel, Gerte und Sporen.
🐴 Was gehört alles zu den sogenannten Hilfszügeln?	☐ Ausbinder und Martingal sind die wichtigsten Hilfszügel. Im nächsten Abzeichen erlernt man weitere Hilfszügel.
🐴 Wie sehen Ausbinder aus?	☐ Ausbinder sind zwei Leder- bzw. Gurtriemen, die an einem Ende eine Verschnallung und am anderen Ende einen Karabinerhaken haben.
🐴 Wie werden Ausbinder angelegt?	☐ Man verschnallt sie von der vorderen Gurtstrippe bis zum Trensenring. Wenn das Pferd korrekt durch das Genick geht, muss die Nasen-Stirn-Linie eine Handbreit vor einer gedachten Senkrechten stehen.
🐴 Wer bekommt Ausbinder?	☐ Man benutzt sie zum Longieren und bei Reitanfängern.
🐴 Warum bekommen Reitanfänger häufig Ausbinder?	☐ Da Anfänger die Zügelhilfen noch nicht so gut beherrschen, reiten sie oft mit Ausbindern. Dies schont beim Pferd den Rücken, da es durch die korrekte Kopfneigung den Rücken hochwölbt. Dadurch ist das Pferd dann auch leichter zu sitzen. Außerdem werden die Maulwinkel geschont.
🐴 Wann wird der Ausbinder in den Trensenring eingehängt?	☐ Der Ausbinder darf erst eingehängt werden, wenn das Pferd gelöst ist.
🐴 Darf man mit Ausbindern springen ?	☐ Nein, da das Pferd zum Springen den Hals strecken muß. Das verhindert ein Ausbinder.

🐴 Wie sieht ein Martingal aus und wie wird es angelegt? Martingal-schieber Martingal-stopper	☐ Das Martingal wird zuerst mit einem Halsriemen am Pferd befestigt. Unten wird es zwischen den Vorderbeinen des Pferdes mittig am Sattelgurt eingeschlauft. Hinter dem Halsriemen teilt es sich in zwei einzelne Riemen, an deren Ende je ein kleiner Metallring ist. Durch diese Ringe werden dann die Zügel geschlauft. Die Martingalstopper verhindern ein Verhaken der Ringe an den Zügelschnallen. Mit dem Martingalstopper stellt man die Länge korrekt ein.
🐴 Wie wird das Martingal richtig eingestellt?	☐ Wenn das Pferd korrekt durch das Genick geht, müssen die Ringe des Martingals bis an die Ganaschen reichen.
🐴 Welche Pferde bekommen ein Martingal?	☐ Das Martingal ist der einzige Hilfszügel, den man auch zum Springen benutzen darf. Deshalb wird es auch oft im Gelände für Pferde benutzt, die viel Temperament haben.
🐴 Wozu benötigt man eine Gerte?	☐ Damit kann man den treibenden Schenkel unterstützen. Man berührt das Pferd damit direkt hinter dem treibenden Schenkel. Sie darf niemals zur Bestrafung des Pferdes eingesetzt werden!
🐴 Wo wirkt die Springgerte ein?	☐ Springgerten sind aus Sicherheitsgründen recht kurz. Man berührt das Pferd damit an der Schulter.
🐴 Wie sind die korrekten Längen für die Gerten?	☐ Die Dressurgerte ist max. 1,20 m, die Springgerte dagegen nur max. 75 cm lang.
🐴 Wozu braucht man Sporen?	☐ Sporen verfeinern die Wirkung des treibenden Schenkels. Man muss damit sehr vorsichtig sein.
🐴 Wann darf man Sporen tragen?	☐ Seine Sporen muss man sich verdienen! Das heißt, dass man seine Füße sehr gut unter Kontrolle haben muss, um dem Pferd keine Schmerzen zuzufügen.

🐎 Was beachtet man vor dem ersten Aufsitzen?	☐ Man gurtet zu allererst den Sattelgut nach, damit der Sattel beim Aufsitzen nicht verrutscht. Damit das Pferd dabei nicht wegläuft, hängt man sich den Zügel in die Armbeuge.
🐎 Wie stellt man die Steigbügellänge richtig ein?	☐ Man zieht die hochgeschlauften Steigbügel vorsichtig herunter und verpasst sie, indem man den Steigbügel unter die Achsel nimmt und den Bügelriemen so verlängert, daß man mit den ausgestreckten Fingerspitzen an die **Sturzfeder** heranreicht.
🐎 Wie stellt man die Steigbügellänge vom Pferd aus ein?	☐ Man nimmt die Zügel in eine Hand, zieht mit der anderen Hand die Schnalle des Steigbügelriemes nach unten, verändert die Länge und drückt den Dorn mit dem Zeigefinger in das richtige Loch. Danach zieht dann die Schnalle des Riemens wieder ganz nach oben. Der Fuß bleibt dabei die ganze Zeit über im Steigbügel.
🐎 Wie gurtet man vom Pferd aus nach?	☐ Man nimmt die Zügel in eine Hand und nimmt das Bein mitsamt dem Steigbügel über das Sattelblatt nach vorne. Dann klappt man das Sattelblatt nach oben und zieht den Gurt mit einer Hand nach oben, wobei der Zeigefinger den Dorn in das entsprechende Loch drückt.
🐎 Kann man das auf allen Pferden machen?	☐ Dies geht nur auf ruhigen Pferden. Bei nervösen oder jungen Pferden bittet man um Hilfe.

🐴 Wie oft muss man nachgurten?	☐ Einmal vor dem Aufsitzen, dann direkt nach dem Aufsitzen, da sich der Sattel unter dem Reitergewicht weitet. Nach der Lösephase wird dann ein letztes Mal nachgegurtet.
🐴 Wie hält man die Zügel beim Aufsitzen?	☐ Man nimmt die Zügel in die linke Hand und fasst sie so kurz, dass das Pferd nicht loslaufen kann.
🐴 Wie sitzt man nun auf?	☐ Man stellt sich mit dem Rücken zum Pferdekopf, hebt den linken Fuß in den Steigbügel, fasst mit der linken Hand, die die Zügel gut festhält in die Sattelkammer und stößt sich kräftig vom Boden ab. Das rechte Bein schwingt über die Kruppe, ohne diese zu berühren, die Fußspitze sollte sich nicht in den Pferdebauch bohren. Man gleitet sanft in den Sattel ohne zu plumpsen und nimmt dann sofort den rechten Steigbügel auf. Abschließend setzt man sich sofort in den Grundsitz und nimmt die Zügel korrekt auf. Man kann sich auch einen Tritt zum Aufsitzen holen.
🐴 Wie sitzt man vom Pferd ab?	☐ Man nimmt als erstes die Füße aus den Bügeln, stützt sich dann auf der Vorderzwiesel ab und schwingt das rechte Bein über die Kruppe, ohne diese zu streifen. Man federt auf dem Boden weich ab, um sich nicht zu verletzen.
🐴 Warum muss man zum Absteigen die Füße aus den Bügeln nehmen?	☐ Sollte das Pferd scheuen, kann man mit dem Fuß im Bügel hängen bleiben, was sehr gefährlich werden kann.
🐴 Wie beendet man das Reiten?	☐ Man schlauft die Steigbügel hoch, lockert den Gurt, öffnet den Sperrriemen und führt das Pferd nach einem kräftigen Lob aus der Reitbahn.

Kapitel 4: Grundsitz, leichter Sitz

🐴 Auf welchen Punkten sitzt man, wenn man den Grundsitz beherrscht?	☐ Auf den beiden Sitzbeinhöckern. Man verteilt sein Gewicht gleichmäßig auf diese beiden Punkte und rückt das Becken nach vorne.
🐴 Wie hält man Kopf und Oberkörper?	☐ Der Kopf und der Blick sind gerade und nach vorne gerichtet. Der Oberkörper bildet eine Senkrechte, wobei die Schulterblätter leicht nach hinten genommen werden.
🐴 Wie hält man Arme und Hände?	☐ Die Oberarme liegen leicht am Oberkörper, die Ellbogen liegen locker über der Hüfte. Die Hände bilden um die Zügel eine geschlossene, aufrechte Faust, der Daumen ist wie ein Dach aufgesetzt. Merke: Ellbogen, Handgelenk und Pferdemaul bilden mit den Zügeln eine Gerade.
🐴 Wie werden die Füße gehalten?	☐ Der Absatz ist der tiefste Punkt des Reiters. Die Fußspitze zeigt Richtung Pferdemaul. Merke: Schulter, Hüfte und Absatz bilden eine Senkrechte.
🐴 Was ist viel wichtiger als die korrekte Form des Sitzes?	☐ Wichtig ist, dass der Reiter losgelassen und geschmeidig auf dem Pferd sitzt. Merke: Ist der Reiter verkrampft, wird sich auch das Pferd nicht lösen.
🐴 Zähle alle Gelenke auf, die beim Reiter locker sein müssen!	☐ Kopfgelenk, Kiefergelenk, Schultergelenk, Ellbogengelenk, Handgelenk, Hüftgelenk, Kniegelenk, Fußgelenk.
🐴 Welcher Bereich des Körpers sorgt dafür, dass man geschmeidig mit dem Pferd mitschwingen kann?	☐ Die Mittelpositur. Sie sorgt dafür, dass der Reiter geschmeidig mitschwingt. Nur so kann der Reiter ruhig auf dem Pferd sitzen und die nötigen Hilfen geben.

🐴 Warum ist das Mitschwingen so wichtig?	☐ Erst wenn der Reiter ohne sich festzuhalten oder die Beine anzuklemmen sicher auf dem Pferd sitzt, kann er die nötigen Schenkel- und Zügelhilfen geben.
🐴 Wie sieht der leichte Sitz aus?	☐ Dabei wird der Oberkörper leicht nach vorne gebeugt und das Gewicht aus dem Sattel genommen, ohne aber den Kontakt zum Sattel zu verlieren. Die Hände gehen leicht nach vorne. Man darf dabei aber kein Hohlkreuz machen und man muss sich gut ausbalancieren. Man steht auf den Ballen im Steigbügel und lässt das Fußgelenk durchfedern.
🐴 Wann braucht man den leichten Sitz?	☐ Man benötigt ihn, wenn man bergauf oder bergab reitet, über Stufen oder Stangen und auch bei jungen oder rückenempfindlichen Pferden.

**Markiere je drei Punkte der senkrechten Linie
und der Zügellinie!**

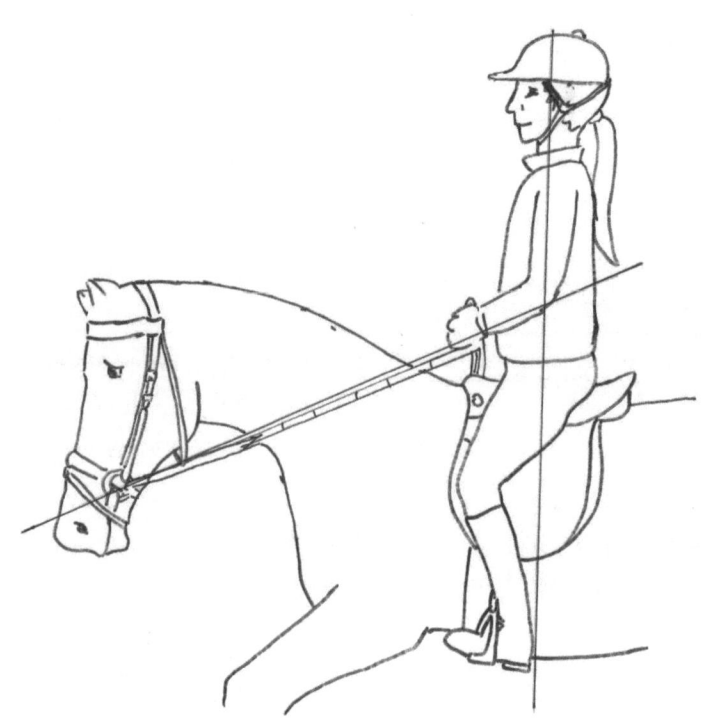

Kennst Du die Gelenke Deines Körpers?

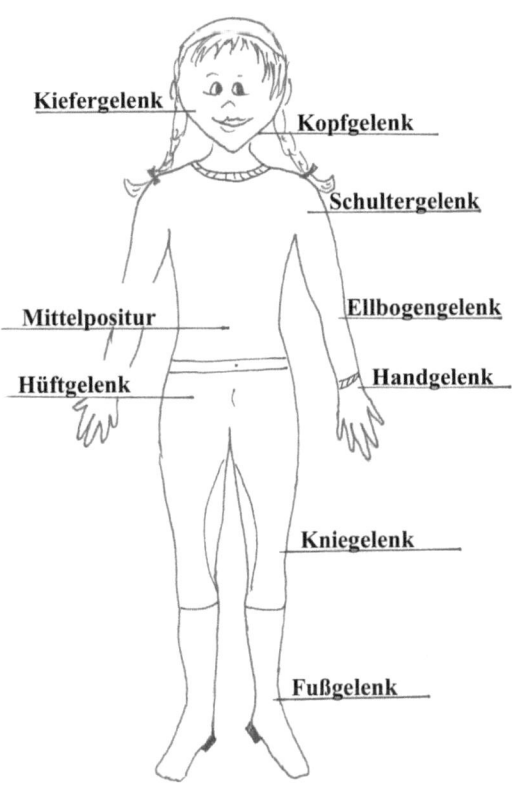

Versuche, zu beschriften !

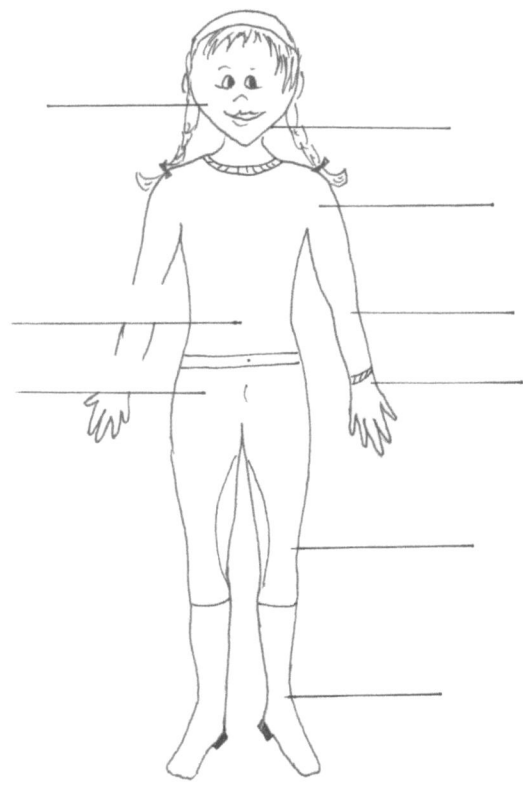

Was bedeutet der Begriff „lösen"?	☐ Ist ein Pferd losgelassen, hat es bereits lösende Aufgaben hinter sich gebracht und ist jetzt zufrieden und angstfrei. Das ist die Phase, in welcher man mit dem Pferd arbeiten kann.
Wie kann man ein Pferd lösen?	☐ Man reitet anfangs Schritt, trabt leicht auf geraden und gebogenen Linien. Dann kurze Galoppsequenzen auch mal im leichten Sitz, Übergänge und auch große Wendungen.
Warum ist das Lösen so wichtig?	☐ Wenn man das Pferd nicht gründlich löst, ist eine gute Zusammenarbeit nicht möglich. Außerdem kann sich das Pferd verletzten. Es kann im schlimmsten Fall zu Muskelfaserrissen, Sehnen- oder auch Bänderrissen kommen. Merke: Das Lösen darf niemals ausfallen!
Woran erkennt man, ob ein Pferd richtig gelöst ist?	☐ Das Pferd geht in die Dehnungshaltung, es kaut auf dem Gebiss, der Schweif pendelt locker bei jedem Tritt und das Pferd läuft im Takt.
Wie sieht die Dehnungshaltung aus?	☐ Das Pferd dehnt sich mit Hals und Kopf nach vorne und nach unten, bis die Maulspalte auf Höhe des Buggelenkes ist. Dadurch hat man weniger Bewegung im Rücken und man kann das Pferd dadurch leichter aussitzen.

Dehnungshaltung des Pferdes

12

Kapitel 6: Leichttraben

🐴 Was ist der Unterschied zwischen Aussitzen und Leichttraben?	☐ Beim Leichttraben steht man bei jedem zweiten Tritt des Pferdes aus dem Sattel auf und gleitet wieder geschmeidig in den Sattel zurück. Beim Aussitzen bleibt man sitzen und schwingt aus der Mittelpositur mit.
🐴 Warum nennt man diese Art zu traben Leichtraben?	☐ Beim Leichttrab werden der Rücken und die Gelenke des Pferdes entlastet und geschont. Für den Reiter ist es auch eine Erleichterung.
🐴 Wann reitet man immer im Leichttrab?	☐ Zur Lösearbeit, im Gelände und bei jungen oder rückenempfindlichen Pferden.
🐴 Woher weiß man, ob man auf dem richtigen Fuß leichttrabt?	☐ Reitet man in der Bahn, muss man auf das äußere Vorderbein des Pferdes gucken. Immer wenn das Bein hochschwingt, muss der Reiter aufstehen.
🐴 Was bedeutet ein „Fußwechsel" beim Leichttraben?	☐ Man wechselt dabei auf das andere Hinterbein. Dazu sitzt man einen Tritt aus.
🐴 Wo wird in der Reitbahn der Fußwechsel vorgenommen?	☐ Wenn man aus dem Zirkel wechselt, sitzt man bei X um. Wechselt man durch die ganze Bahn, sitzt man auf Höhe des Zirkel- bzw. Wechselpunktes um – etwa eine Pferdelänge vor dem Hufschlag.
🐴 Muss man auch im Gelände einen Fußwechsel vornehmen?	☐ Ja, sonst kommt es zu einer einseitigen Belastung der Hinterhand des Pferdes.

Zeichne die folgende Bahnfiguren und deren Wechselpunkte ein:
"Aus dem Zirkel wechseln" und "Durch die ganze Bahn wechseln"

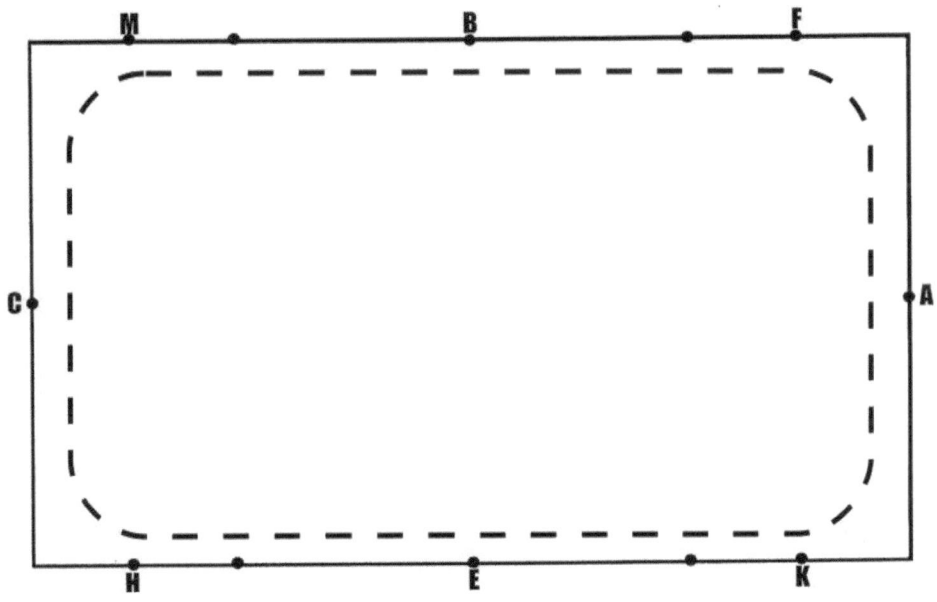

Kapitel 7: Hilfengebung

🐴 Was sind Hilfen?	☐ Hilfen sind die Sprache, mit der sich Pferd und Reiter verständigen ohne zu sprechen.
🐴 Welche Arten von Hilfen gibt es und wie werden sie nach ihrer Wichtigkeit sortiert?	☐ Man unterteilt Gewichtshilfen, Schenkelhilfen und Zügelhilfen. Dabei ist die Gewichtshilfe am wichtigsten, gefolgt von der Schenkelhilfe. Die Zügelhilfe sollte nie ohne die anderen Hilfen eingesetzt werden.
🐴 Welche davon nennt man die treibenden Hilfen?	☐ Es sind die Schenkel- und die Gewichtshilfen.
🐴 Wie heißen die wichtigsten Schenkelhilfen?	☐ Vorwärtstreibende Schenkelhilfe und verwahrende Schenkelhilfe.
🐴 Wo liegt der Unterschenkel bei der vorwärtstreibenden Schenkelhilfe?	☐ Am Sattelgurt, wo das Bein bei einem korrekten Grundsitz ohnehin liegt.
🐴 Wo liegt der Unterschenkel bei der verwahrenden Schenkelhilfe?	☐ Eine Handbreit hinter dem Sattelgurt.
🐴 Wie heißen die Gewichtshilfen?	☐ Beidseitig belastende Gewichtshilfe, einseitig belastende Gewichtshilfe, entlastende Gewichtshilfe.
🐴 Wie führt man eine beidseitig belastende Gewichtshilfe aus?	☐ Man schwingt aus der Mittelpositur bei jedem Tritt des Pferdes mit und gibt ihm damit immer wieder einen neuen Impuls. Dabei werden die Gesäßknochen gleichmäßig belastet.
🐴 Wann braucht man eine beidseitig belastende Gewichtshilfe und die vorwärtstreibende Schenkelhilfe?	☐ Sie wird in allen drei Grundgangarten im Geradeaus und für die Paraden benötigt.
🐴 Wann braucht man eine einseitig belastende Gewichtshilfe und wie führt man sie aus?	☐ Dabei wird das Gewicht vermehrt auf einen Sitzbeinhöcker belastet, indem man die innere Hüfte vermehrt nach vorn schiebt. Man benötigt dies auf allen gebogenen Linien, zum Angaloppieren und für die Vorhandwendung.
🐴 Wann braucht man einen verwahrenden Schenkel?	☐ Der verwahrende Schenkel kommt bei allen gebogenen Linien an der Außenseite des Pferdes zum Einsatz, um dem Pferd damit eine Begrenzung zu geben, damit es nicht zur Seite ausweicht.

🐴 Wann braucht man eine entlastende Gewichtshilfe und wie führt man sie aus?	☐ Man braucht sie, wenn man über Stangen oder Stufen reitet und bei jungen oder rückenempfindlichen Pferden. Man entlastet den Pferderücken, indem man sich leicht in die Bügel stellt, das Fußgelenk durchfedern lässt und das Gewicht aus dem Sattel nimmt, ohne den Kontakt zu verlieren.
🐴 Wie heißen die wichtigsten Zügelhilfen?	☐ Annehmende Zügelhilfe, nachgebende Zügelhilfe, verwahrende Zügelhilfe. Merke: Einer annehmenden Zügelhilfe folgt immer eine nachgebende Zügelhilfe!
🐴 Wie unterscheidet man den langen Zügel vom hingegebenen Zügel? 	☐ Beim langen Zügel hat man noch leichten Kontakt zum Pferdemaul, beim hingegebenen Zügel hält man nur noch das Ende des Zügels.
🐴 Was ist eine halbe Parade und wofür braucht man sie?	☐ Bei der halben Parade treibt man mit Gewichts- und Schenkelhilfen bei angenommenen Zügel um dem Pferd zu sagen, dass gleich eine Änderung der Richtung oder der Gangart eingeleitet wird. Man macht dies auch, um das Pferd auf sich aufmerksam zu machen.
🐴 Was ist eine ganze Parade?	☐ Die Hilfen sind genauso wie bei der halben Parade. **Merke**: Eine ganze Parade führt immer zum Halten!
🐴 Wie stark gibt man die Hilfen?	☐ Das hängt vom Gehorsam und der Ausbildung des einzelnen Pferdes ab.

🐎 Welche Möglichkeiten gibt es, die Zügel anzunehmen?	☐ Die sanfteste Art ist das leichte Öffnen und Schließen der Faust. Reicht dies nicht aus, werden die Zügel aus dem Ellbogen heraus angenommen.
🐎 Was ist das Wichtigste bei der Hilfengebung?	☐ Die Hilfen sollen möglichst zeitgleich und fein aufeinander abgestimmt gegeben werden.
🐎 Was versteht man unter dem Begriff Stellung?	☐ Wenn der Reiter aufrecht auf dem Pferd sitzt und er den Zügel auf einer Seite so weit annimmt, dass er den Nüsternrand schimmern sieht, ist das Pferd gestellt. Der Außenzügel muß dabei verwahren.
🐎 Wie weiß man, ob das Pferd nach „innen" oder nach „außen" gestellt ist?	☐ „Innen" ist immer die Seite, nach der das Pferd gestellt ist.
🐎 Bei welchen Übungen ist das Pferd zur Bande hin nach innen gestellt?	☐ Bei der Vorhandwendung und bei den Schlangenlinien.
🐎 Welche Hilfen gibt man für eine ganze Parade?	☐ Annehmende und nachgebende Zügelhilfe, vorwärtstreibende Schenkelhilfe, beidseitig belastende Gewichtshilfe.
🐎 Welche Hilfen braucht man auf gebogenen Linien?	☐ Die **diagonale Hilfengebung**: Annehmende Zügelhilfe innen, verwahrende Zügelhilfe außen, vorwärtstreibende Schenkelhilfe innen, verwahrende Schenkelhilfe außen, einseitig belastende Gewichtshilfe innen.
🐎 Welche Hilfen braucht man für das Angaloppieren?	☐ Annehmende Zügelhilfe innen, verwahrende Zügelhilfe außen, vorwärtsreibender Schenkelhilfe innen, verwahrende Schenkelhilfe außen, einseitig belastende Gewichtshilfe innen.Es sind tatsächlich die gleichen Hilfen wie auf den gebogenen Linien, denn das Pferd soll dadurch auf der richtigen Hand angaloppieren.
🐎 Was sind die Aufgaben des äußeren, bzw. des inneren Zügels?	☐ Mit dem äußeren Zügel wird das Pferd gelenkt, mit dem inneren Zügel wird das Pferd gestellt. Der äußere Zügel verwahrt dabei vorwiegend, der innere Zügel darf flexibler gehandhabt werden.
🐎 Was sind die Aufgaben des äußeren, bzw. des inneren Schenkels?	☐ Der äußere Schenkel begrenzt das Pferd, der innere Schenkel treibt das Pferd gegen den äußeren Zügel.

Kapitel 8: Bahnordnung

🐎 Warum muss man die Regeln der Bahnordnung gut kennen?	☐ Dadurch werden gefährliche Situationen und Störungen im Ablauf vermieden.
🐎 Was muss man immer beim Betreten oder Verlassen der Bahn beachten?	☐ Bevor man die Bahn betritt oder die Tür öffnet ruft man „**Bahn frei**" und wartet ab, bis die Antwort „**ist frei**" kommt.
🐎 Wo stellt man sein Pferd zum Auf- bzw. Absitzen am besten auf?	☐ An der Mittellinie des oberen oder unteren Zirkels, da man hier am wenigsten stört. Bei X sollte man nie eine Aufstellung machen, da hier der Wechselpunkt für verschiedene Bahnfiguren ist.
🐎 Wie entledigt man sich einer Jacke oder Pferdedecke?	☐ Man begibt sich auf den dritten Hufschlag, entledigt sich dort der Jacke, ruft „**Bande frei**" und legt die Sachen auf der Bande ab, ohne jemanden beim Reiten zu behindern.
🐎 Was darf man auf dem dritten Hufschlag reiten?	☐ Hier reitet man üblicherweise Schritt, man kann auch halten oder sein Pferd rückwärts richten.
🐎 Warum darf man dies nicht auf dem zweiten Hufschlag machen?	☐ Da auf dem ersten Hufschlag häufig galoppiert wird, wäre der Sicherheitsabstand zu gering.
🐎 Welche Hand hat auf dem Hufschlag immer Vorfahrt?	☐ Immer die linke Hand sofern alle im Schritt reiten. Ansonsten muss man den schnelleren Reitern Platz machen.

🐴 Wer hat Vorfahrt, wenn man auf dem Zirkel reitet?	☐ Der Hufschlag hat immer Vorfahrt vor dem Zirkel.
🐴 Was muss man beim Ausweichen beachten?	☐ Man wählt einen vernünftigen Sicherheitsabstand, um keinen anderen Reiter zu gefährden oder etwa mit der Gerte zu treffen.
🐴 Was sollte man beachten, wenn mehr als drei Reiter in der Bahn sind?	☐ Dann sollten alle auf einer Hand reiten. Dies bestimmt dann der älteste oder erfahrenste Reiter.
🐴 Darf man in der Bahn auch longieren oder springen, wenn sich andere Reiter dort aufhalten?	☐ Man kann dies tun, sollte aber die anderen Reiter vorher fragen.
🐴 Wer muss die Hindernisse nach dem Springen wieder wegräumen?	☐ Immer derjenige, der sie auch aufgebaut hat.
🐴 Wie geht man mit den Bahnregeln um, wenn sich Anfänger in der Bahn befinden?	☐ Man beharrt nicht auf seinem Vorfahrtsrecht und nimmt Rücksicht.
🐴 Was kann man tun, wenn man eine aufwändigere Bahnfigur reiten möchte, die andere Reiter beeinträchtigen könnte?	☐ Man bittet die anderen Reiter, die entsprechenden Linien frei zu halten.
🐴 Wie verhält man sich, wenn Reitunterricht in der Bahn statt findet?	☐ Man verzichtet dann grundsätzlich auf Longieren oder Springen.

**Male die beiden Zirkel ein und markiere die beiden Punkte,
wo man das Pferd korrekt zum Aufsitzen aufstellt!**

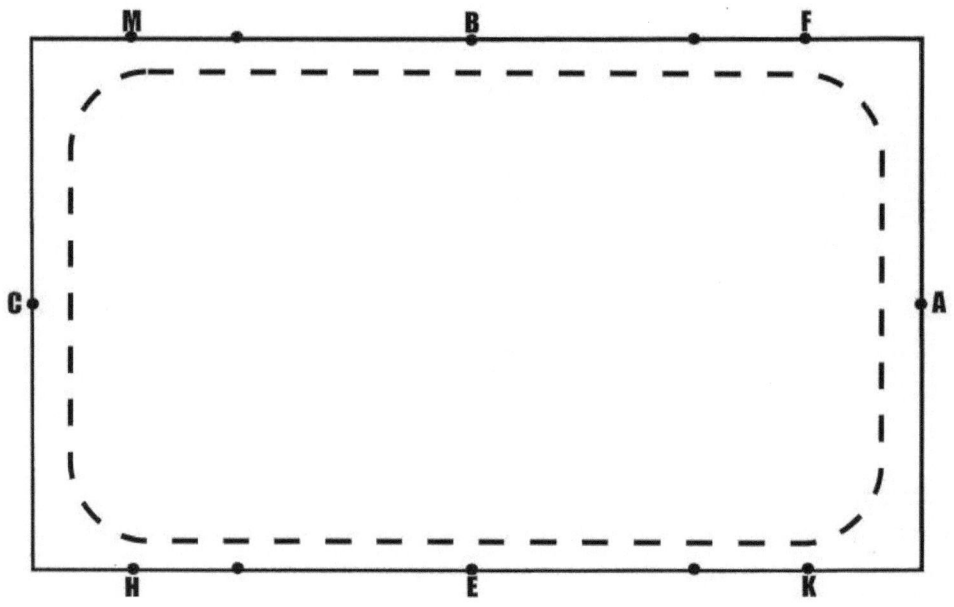

Kapitel 9: Bahnfiguren

🐴 Was sind Bahnfiguren und was muss man beachten, wenn man sie reitet?	☐ Bahnfiguren sind Dressurübungen, die man möglichst exakt zu reiten versucht. Dabei kann man sich an den Buchstaben und Punkten in der Bahn orientieren.
🐴 Wozu dienen die Punkte und Buchstaben an den Seiten des Dressurvierecks?	☐ Sie dienen zur Orientierung, wenn man die Bahnfiguren möglichst korrekt reiten möchte.
🐴 Wie heißen die Buchstaben in der richtigen Reihenfolge?	☐ C M B F A K E H
🐴 Wie groß ist ein Dressurviereck?	☐ Es misst 20 mal 40 Meter. Es gibt auch Plätze, die eine Größe von 20 mal 60 Meter haben.
🐴 Wo verläuft der Hufschlag?	☐ Der Hufschlag verläuft ganz außen entlang der Begrenzung. Man achtet darauf, alle Ecken sorgfältig auszureiten.
🐴 Wo findet man den Buchstaben X?	☐ X ist der Punkt exakt in der Mitte des Dressurvierecks.
🐴 Wo verläuft die Mittellinie?	☐ Sie halbiert das Dressurviereck der Länge nach.
🐴 Worauf kommt es an, wenn man Bahnfiguren reitet?	☐ Es kommt darauf an, die Bahnfiguren möglichst exakt zu reiten und die richtigen Hilfen dafür zu geben.

Beschrifte die folgende Bahnfiguren!

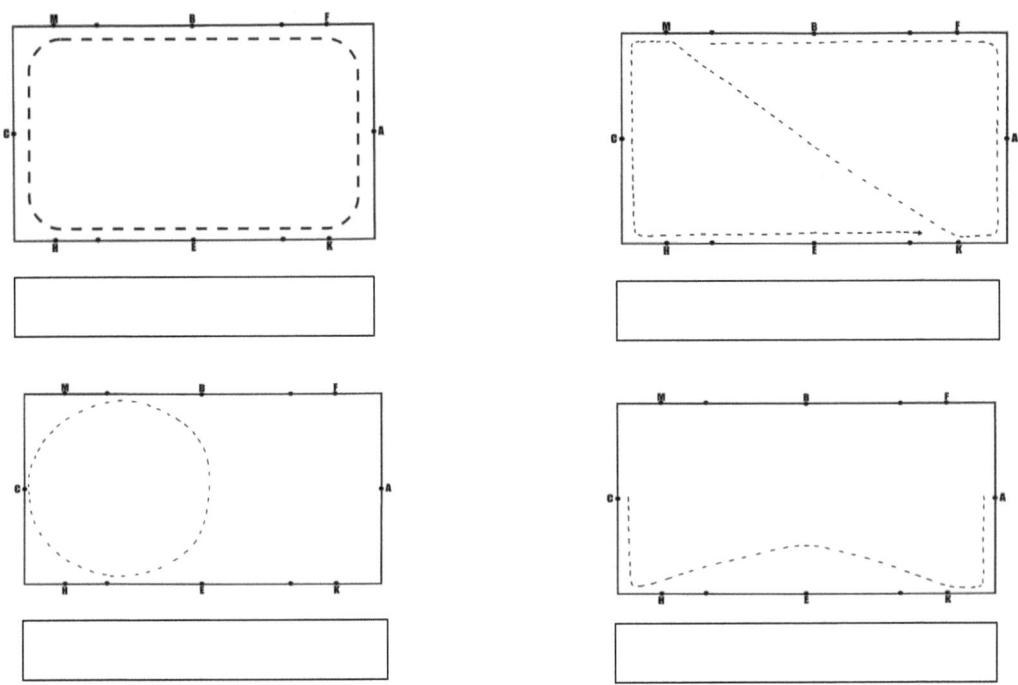

🐴 Wie unterscheidet man die verschiedenen Pferdetypen?	☐ In Vollblüter, Warmblüter, Kaltblüter und Ponys.
🐴 Wo liegt die Grenze zwischen Pferd und Pony?	☐ Man misst die Pferde. Dabei misst man vom Widerrist bis zum Boden. Die Grenze liegt bei einem Stockmaß von 1,48 cm.
🐴 Nenne einige bekannte deutsche Warmblutrassen.	☐ Trakehner, Holsteiner, Hannoveraner und Oldenburger.
🐴 Nenne einige bekannte Ponyrassen.	☐ Norwegisches Fjordpferd, Haflinger, Shetlandpony und deutsches Reitpony.
🐴 Wie heißen die letzten noch freilebenden Ponys in Deutschland?	☐ Die Dülmener Wildpferde
🐴 Wozu brauchen Pferde einen Equidenpass?	☐ Darin sind der Name, der Stammbaum, die Chipnummer, die Beschreibung des Pferdes und auch alle Impfungen aufgeführt. Hier ist auch vermerkt, ob das Pferd, wenn es stirbt, in die Nahrungskette kommt oder nicht.
🐴 Wie kann man Pferde registrieren?	☐ Früher hat man den Pferden ein Brandzeichen aufgebrannt. Heutzutage verzichtet man immer häufiger darauf und implantiert den Pferden am Hals einen Mikrochip mit den nötigen Daten.

Lerne die folgenden Brandzeichen!

Trakehner	Holsteiner	Hannoveraner	Oldenburger
Norw. Fjordpferd	Haflinger	Shetland Pony	Deutsches Reitpony

Versuche die Brandzeichen aufzumalen!

Trakehner	Holsteiner	Hannoveraner	Oldenburger
Norw. Fjordpferd	Haflinger	Shetland Pony	Deutsches Reitpony

Welches sind die wichtigsten Fellfarben von Pferden?	☐ Schimmel, Rappe, Fuchs und Brauner.
Was ist der Unterschied zwischen einem Braunen und einem Fuchs?	☐ Ein Brauner hat braunes Deckhaar und schwarzes Langhaar, beim Fuchs sind Deckhaar und Langhaar gleichfarbig.
Welche Farbabstufungen gibt es bei den Braunen?	☐ Hellbrauner, Brauner, Dunkelbrauner und Schwarzbrauner.
Welche Farbabstufungen gibt es bei den Füchsen?	☐ Lichtfuchs, Dunkelfuchs, Goldfuchs und Rotfuchs.
Welche Schimmelarten gibt es ?	☐ Rot-, Braun-, Schwarz-, und Grauschimmel, sowie Fliegen- und Apfelschimmel.
Was sind Stichelhaare?	☐ Weiße, abstehende Haare an den Beinen, am Kopf und an der Schweifwurzel.
Was ist ein Schecke?	☐ Ein Pferd mit unregelmäßig geformten Flecken im Fell, welche verschiedene Farben haben können.

Versuche die Pferde in den richtigen Farben auszumalen !

Hellbrauner	Braun	Dunkelbraun	Schwarzbraun
Lichtfuchs	Dunkelfuchs	Goldfuchs	Rotfuchs
Rotschimmel	Braunschimmel	Grauschimmel	Schwarzschimmel
Apfelschimmel	Fliegenschimmel	Schecke	Dein Phantasiepferd!

Kapitel 12: Abzeichen

🐴 Was sind sogenannte Abzeichen?	☐ Das sind farbliche Abweichungen im Fell des Pferdes, die immer weiß sind und häufig im fortgeschrittenen Alter auftreten.
🐴 An welchen Körperteilen kann das Pferd Abzeichen haben?	☐ Abzeichen haben Pferde üblicherweise am Kopf, an den Beinen oder an der Schweifwurzel.
🐴 Wie entstehen Abzeichen an anderen Körperteilen?	☐ Manchmal haben Pferde auch weiße Stellen im Widerristbereich oder an anderen Stellen des Rumpfes. Diese entstehen durch verheilte Verletzungen.

Präge Dir die Abzeichen am Kopf des Pferdes gut ein!

breite Blesse	schmale Blesse	gezackte Blesse	Stern
Flocke	Milchmaul	Schnippe	Laterne

Versuche die Abzeichen in die Pferdeköpfe zu malen!

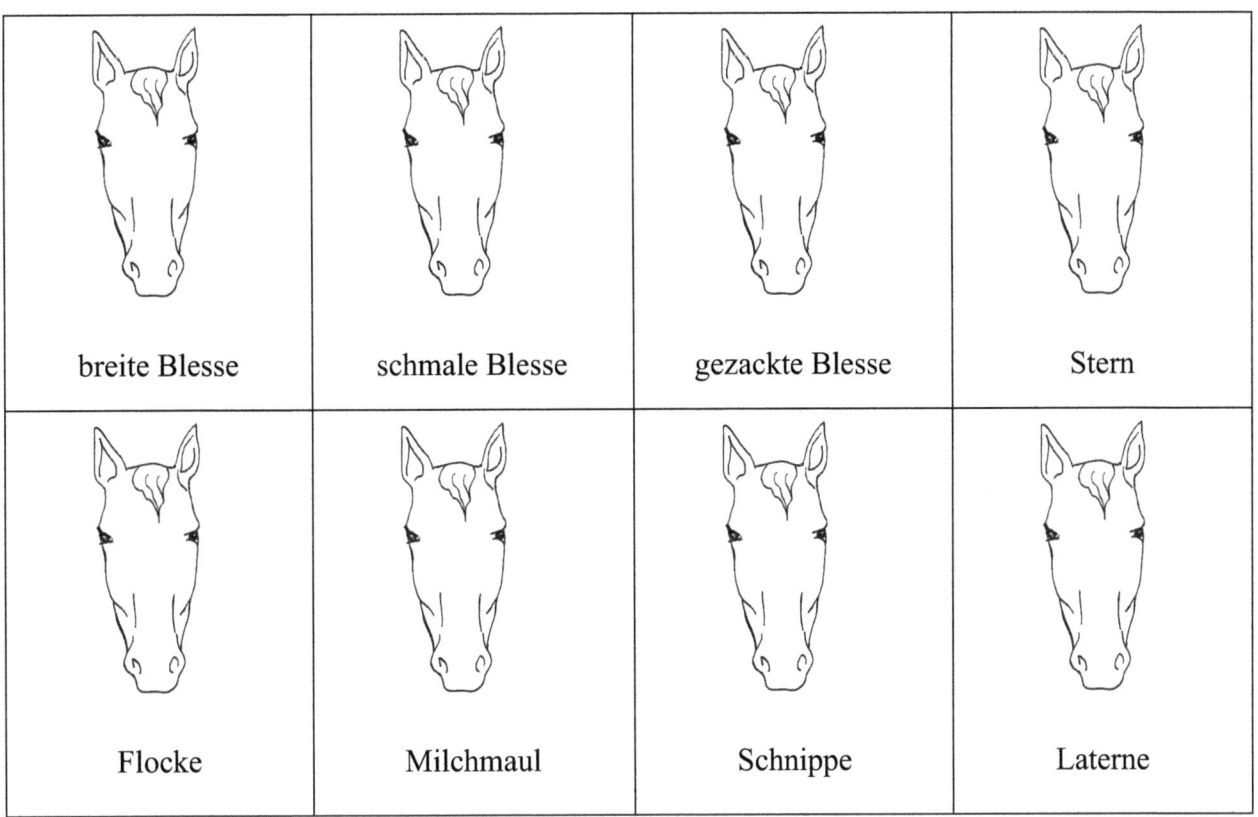

breite Blesse	schmale Blesse	gezackte Blesse	Stern
Flocke	Milchmaul	Schnippe	Laterne

Präge Dir auch die Abzeichen an den Beinen gut ein!

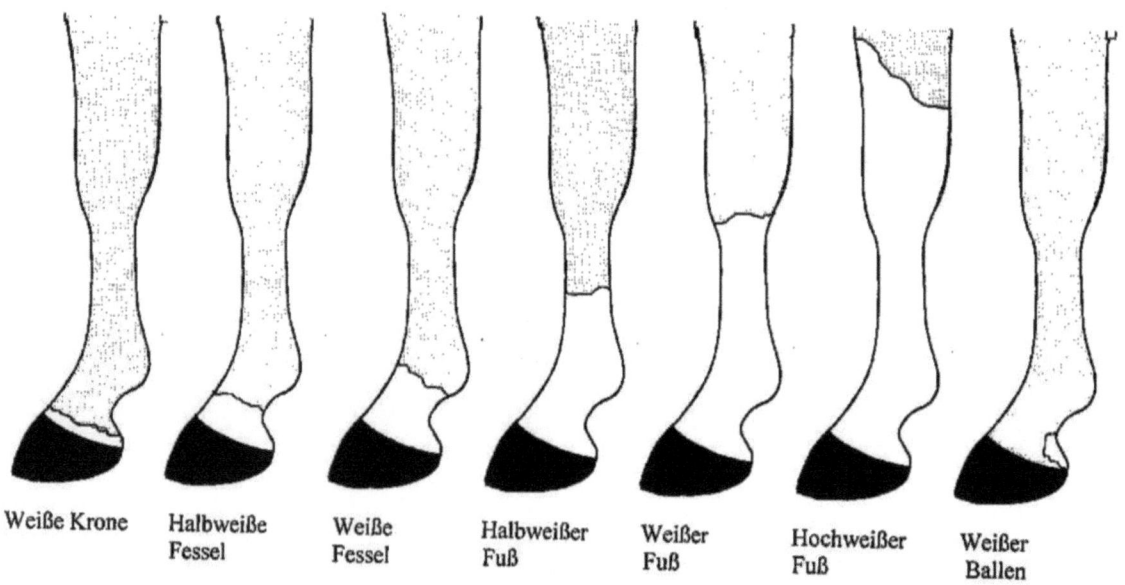

Weiße Krone Halbweiße Fessel Weiße Fessel Halbweißer Fuß Weißer Fuß Hochweißer Fuß Weißer Ballen

Versuche die Abzeichen an den Beinen zu beschriften!

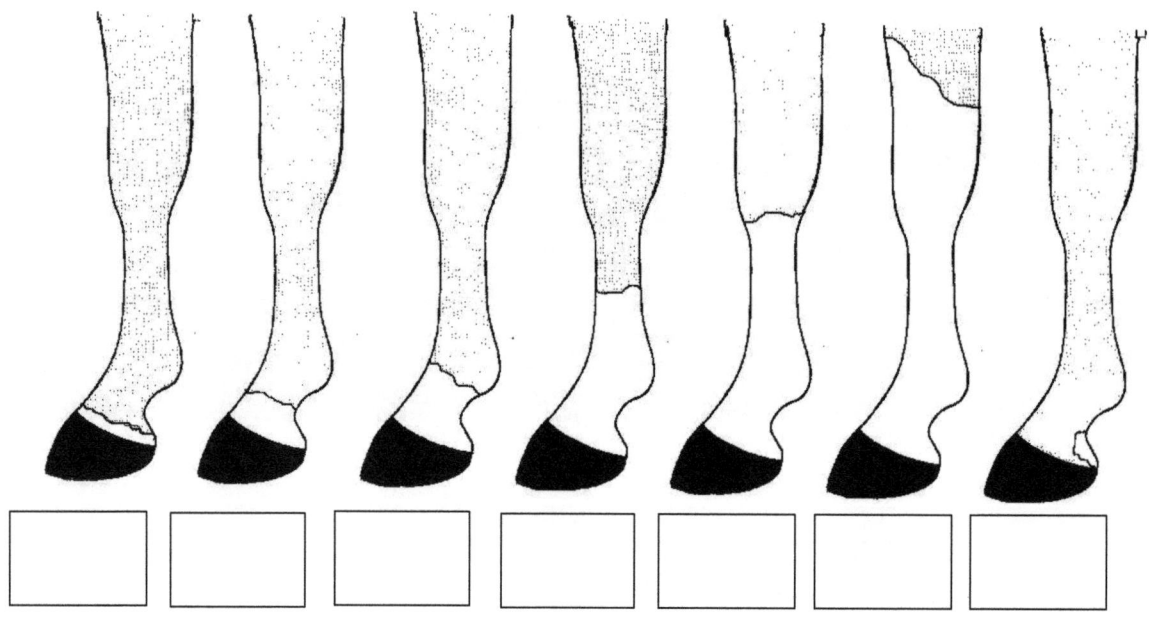

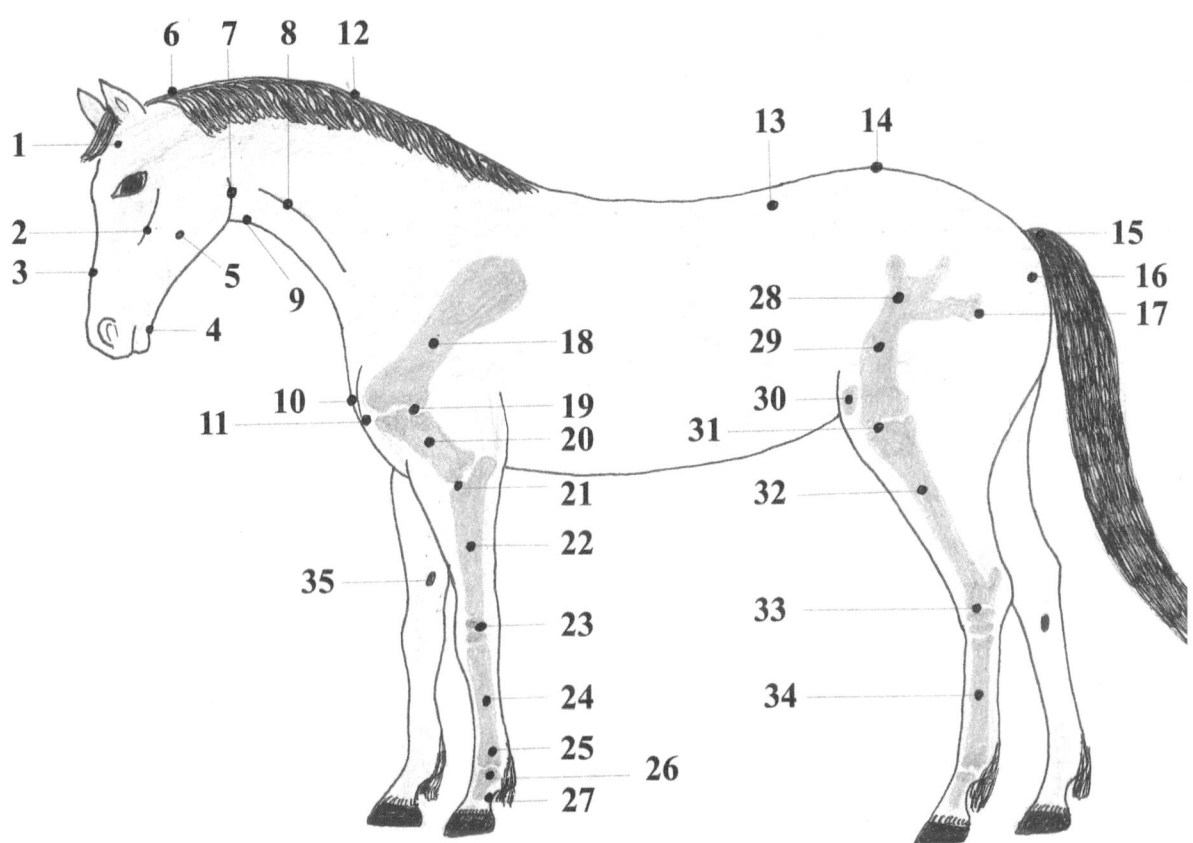 Wie teilt man ein Pferd anatomisch ein?	☐ In Vorderhand, Mittelhand und Hinterhand.

1 Stirn	13 Lende	25 Fesselkopf
2 Jochbein	14 Kruppe	26 Fesselgelenk
3 Nasenrücken	15 Schweifwurzel	27 Fesselbeuge
4 Kinn	16 Hinterbacke	28 Hüftgelenk
5 Backe	17 Sitzbeinhöcker	29 Oberschenkelknochen
6 Genick	18 Schulterblatt	30 Kniescheibe
7 Ganasche	19 Schultergelenk	31 Kniegelenk
8 Drosselrinne	20 Oberarmknochen	32 Unterschenkelknochen
9 Kehle	21 Ellbogengelenk	33 Sprunggelenk
10 Buggelenk	22 Unterarmknochen	34 Hinterröhre
11 Brust	23 Vorderfußwurzelgelenk	35 Kastanie
12 Mähnenkamm	24 Vorderröhre	

Präge Dir die Anatomie des Pferdes gut ein!

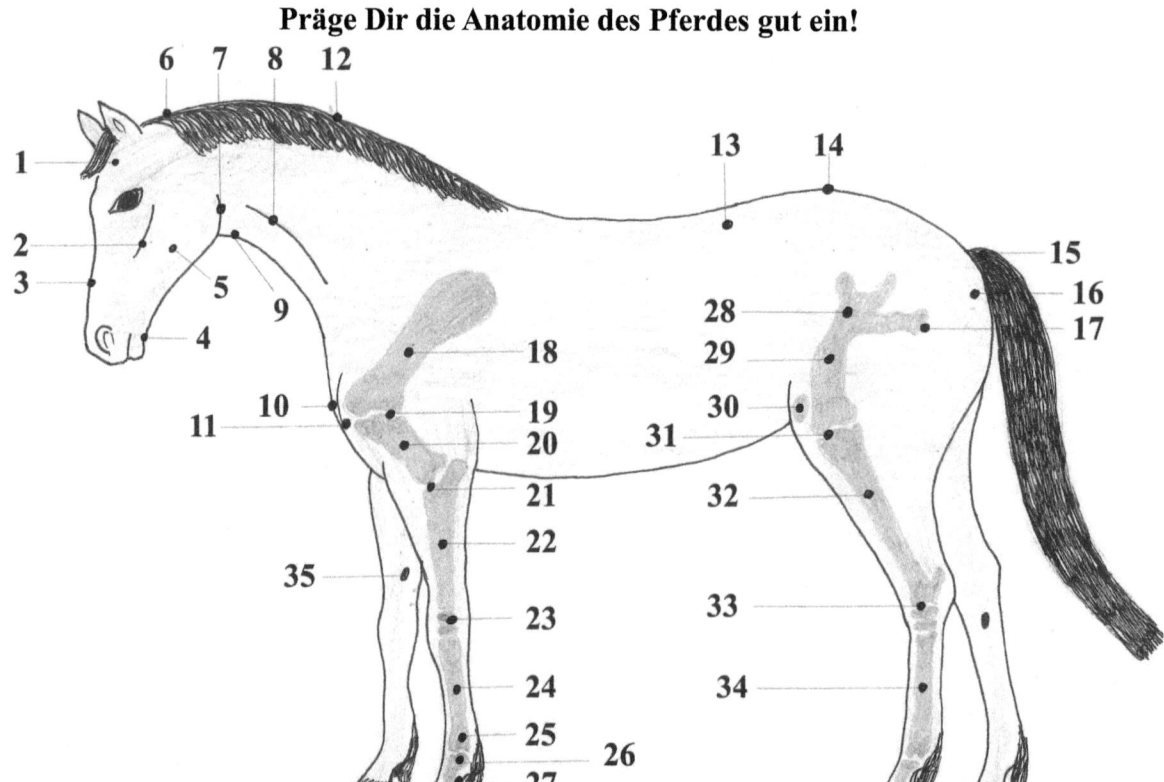

1	13	25
2	14	26
3	15	27
4	16	28
5	17	29
6	18	30
7	19	31
8	20	32
9	21	33
10	22	34
11	23	35
12	24	

Warum sollte man das Pferd direkt nach dem Füttern nicht beanspruchen?	☐ Pferde brauchen, bedingt durch ihren kleinen Magen, viel Zeit zum Verdauen. Belastet man das Pferd zu schnell, kann es zu Koliken kommen.
Wie lange sollte man nach dem Füttern warten?	☐ Mindestens eine Stunde.
Wie oft wird ein Pferd gefüttert?	☐ Aufgrund des kleinen Magens füttert man mehrere kleine Mahlzeiten über den Tag verteilt, aber mindestens zwei – bis viermal täglich.
Wann wird das Pferd gefüttert?	☐ Morgens, mittags und abends, wobei man abends die größte Portion gibt, da das Pferd nun viel Zeit zum Verdauen hat. Man füttert immer zur gleichen Zeit und sorgt für Ruhe beim Fressen.
Wie teilt man die Futtermittel ein?	☐ In Kraftfutter, Saftfutter und Raufutter.
Was gehört alles zum Kraftfutter?	☐ Hafer, Mais, Gerste, Müsli und Pellets.
Was sind Pellets?	☐ Hier werden verschiedene Getreidesorten gemahlen, entstaubt und dann zu kleinen Würmchen gepresst.
Was gehört alles zum Raufutter?	☐ Heu und Stroh, Heulage, Heusilage und Maissilage.
Wie sieht gutes Heu aus?	☐ Es soll von grüner Farbe sein, langhalmig und es staubfrei sein.
Was ist Heusilage, Heulage und Maissilage?	☐ Man kann alle Grünfutterarten zu Silage verarbeiten. Dazu wird das Grünfutter in Folie gewickelt und vergoren. Heulage hat weniger Eiweiß als Heusilage. Es gibt auch Maissilage aus Mais.
Warum sind Heu und Stroh so wichtig für das Pferd?	☐ Die grobe Struktur ist wichtig für die Verdauung, für das Sättigungsgefühl und zur Beschäftigung der Pferde.

🐴 Was gehört alles zum Saftfutter?	☐ Alles, was richtig saftig ist: Äpfel, Möhren, Rüben und vor allem Gras.
🐴 Warum ist das Saftfutter so wichtig?	☐ Darin sind Vitamine, die das Pferd braucht. Außerdem ist es eine schöne Abwechslung im Speiseplan. Vitamine und Mineralien kann man auch in Form von Pulver oder Pellets kaufen.
🐴 Wie viel Saftfutter darf man füttern?	☐ Täglich nur ein bis zwei Hände voll, da das Pferd sonst Durchfall bekommen kann.
🐴 Was beachtet man zu Beginn der Weidezeit?	☐ Das Pferd darf nur ein bis zwei Stunden auf die Weide, damit es sich langsam an das Gras gewöhnt, welches sehr viel Kohlenhydrate enthält. Zu viel Kohlenhydrate führen zu Huferkrankungen, Durchfall oder auch Kolik.
🐴 Wie wird das Futter bemessen, für Pferde die nicht bewegt werden dürfen?	☐ Das Kraftfutter wird reduziert, dafür gibt es mehr Saft- und Raufutter.
🐴 Was sollte das Pferd zusätzlich bekommen?	☐ Wichtig ist auch ein Mineral-, bzw. Salzleckstein. Damit decken die Pferde ihren Mineralhaushalt ab.
🐴 Wie oft tränkt man ein Pferd?	☐ Mindestens dreimal täglich bei einem Wasserbedarf von 30 bis 40 Litern.
🐴 Was beachtet man bei der Selbsttränke?	☐ Diese muss natürlich funktionieren und sollte auch immer sauber sein. Dies sollte täglich kontrolliert werden.
🐴 Wie sollte die Wasserqualität sein?	☐ Das Wasser muss sauber, frisch und geruchsfrei sein. Im Winter kann man das Wasser etwas anwärmen.
🐴 Wie tränkt man ein verschwitztes Pferd?	☐ Man wartet, bis das Pferd abgeschwitzt ist. Sollte die Zeit dafür nicht gegeben sein, legt man Stroh auf das Wasser und/oder lässt das Gebiss im Maul. Dann kann das Pferd nicht so schnell trinken.

Präge Dir die Futtermittel, die in Deinem Stall gefüttert werden gut ein!

🐴 Was sind die PAT - Werte?	☐ Puls, Atmung und Temperatur.
🐴 Wie hoch ist bei einem Pferd der Puls im Ruhezustand?	☐ Zwischen 28 bis 40 Schläge in der Minute.
🐴 Wie oft atmet ein Pferd in Ruhezustand?	☐ Zwischen 10 bis 16 Atemzüge in der Minute.
🐴 Wie hoch ist die Temperatur eines gesunden Pferdes?	☐ Zwischen 37,5 bis 38,2 Grad.
🐴 Woran kann man erkennen, ob das Pferd krank ist?	☐ Es ist teilnahmslos, will sich nicht bewegen oder fressen, hustet oder hat Nasenausfluss. Es kann auch unruhig sein oder stark schwitzen.
🐴 Woran erkennt man Satteldruck?	☐ An Schwellungen im Bereich der Sattellage, an haarlosen Stellen und an Druckempfindlichkeit.
🐴 Wie kann man Satteldruck verhindern?	☐ Durch einen gut angepassten Sattel, einer geeigneten Unterlage, sowie durch eine gut geputzte Sattellage. Auch rechtzeitiges Nachgurten ist hilfreich.
🐴 Was macht man bei stark blutenden Verletzungen?	☐ Man legt einen Druckverband an und ruft zügig den Tierarzt.

Versuche die PAT-Werte an Deinem Pferd zu messen!

🐴 Was macht man man bei einem Nageltritt?	☐ Der Nagel wird gezogen und danach muss man sofort gut desinfizieren und einen Hufverband anlegen. Besser ist es, dies einen Tierarzt machen zu lassen. Tetanus-Impfung überprüfen!
🐴 Wie versorgt man einen Bluterguss?	☐ Ist der Erguss an den Beinen, kann man Kühlkompressen anwickeln. Am Rumpf kann man kühlendes Gel auftragen. Nach Abklingen der Schwellung darf das Pferd wieder vorsichtig bewegt werden
🐴 Was macht man, wenn das Pferd hustet?	☐ Man misst zuerst Fieber. Hat es Fieber, wird das Pferd eingedeckt und der Tierarzt gerufen. Wenn nicht, kann das Pferd schonend an der frischen Luft bewegt werden.
🐴 Was macht man bei einer Kolik?	☐ Die Kolik ist eine sehr schmerzhafte Verdauungsstörung. Das Pferd kann nicht mehr äppeln. Es sieht sich immer zum Bauch um, stellt die Hinterbein weit ab und wälzt sich immer wieder. Es kann auch stark schwitzen. Bei Verdacht auf Kolik wird das Pferd eingedeckt und zügig der Tierarzt gerufen. Bis der Arzt kommt, kann man das Pferd im Schritt führen.

🐴 Was bedeutet es, wenn das Pferd schlimmen Nasenausfluss hat?	☐ Das ist ein Anzeichen für eine Atemwegserkrankung. Man sollte den Tierarzt verständigen.
🐴 Was tut man gegen Wurmerkrankungen?	☐ Zwei- bis viermal im Jahr bekommt das Pferd eine Wurmkur in Pasten- oder Pelletsform. Man wechselt immer wieder den Anbieter, damit es zu keiner Gewöhnung kommt.
🐴 Was tut man gegen Pilzerkrankung?	☐ Wenn dem Pferd das Fell kreisrund ausfällt und/oder es stark schuppt, kann dies eine Pilzerkrankung sein. Man ruft den Tierarzt und isoliert das Pferd, denn Pilz ist hoch ansteckend. Das Sattel- und Putzzeug muss desinfiziert werden und darf nicht für andere Pferde verwendet werden.
🐴 Wogegen soll das Pferd geimpft werden?	☐ Tetanus, Herpes, Pferdeinfluenza und eventuell auch gegen Tollwut.
🐴 Was macht man, wenn das Pferd Giftpflanzen gefressen hat?	☐ Man ruft umgehend den Tierarzt und zeigt ihm, wenn möglich, welche Pflanze das Pferd gefressen hat.

Die Giftpflanzen auf der Rückseite Deines Heftes solltest Du Dir gut einprägen!

Kapitel 16: Bodenarbeit

🐴 Was versteht man unter Bodenarbeit?	☐ Bodenarbeit sind Übungen mit dem Pferd, die man zu Fuß ausführt.
🐴 Was ist das Ziel der Bodenarbeit?	☐ Das Pferd soll sich willig in Richtung, Gangart und Tempo kontrollieren lassen. Führender und Pferd müssen sich dabei gut verständigen können. Der Führende sieht nach vorne und hält sich gerade.
🐴 Von welcher Seite wird geführt?	☐ Man sollte sich angewöhnen, das Pferd von beiden Seiten zu führen.
🐴 Welche Hilfen stehen einem beim Führen eines Pferdes zur Verfügung?	☐ Die Stimmhilfe, die Körperhaltung und die Führposition.
🐴 Wie lauten die Kommandos zum Anführen und zum Halten?	☐ Zum Anführen wird das Pferd mit einem fröhlichen „**Scheritt**" aufgefordert. Zum Anhalten gibt man das Kommando „**Haaalt**". Dabei kann man durch ein kurzes Ziehen am Führstrick das Pferd auf sich aufmerksam machen.
🐴 Was benötigt man immer zum Führen?	☐ Man benötigt immer Handschuhe um sich nicht an den Händen zu verletzen und festes Schuhwerk.
🐴 Wie führt man das Pferd mit Reithalfter?	☐ Die rechte Hand fasst die Zügel dicht unter den Trensenringen und teilt die diese mit Zeige- und Mittelfinger, die linke Hand hält das Ende vom Zügel – oder umgekehrt.
🐴 Wie führt man das Pferd auf gebogenen Linien?	☐ Hier sollte dem Pferd durch die Drehung des eigenen Schultergürtels die Wendung angezeigt werden. Zusätzlich sollte auf der Außenseite des Bogens der Arm des Führenden angehoben werden um auf diese Weise die korrekte Wendung zu unterstützen.

Kapitel 17: Tierschutz

🐴 Wo stehen die Gesetzte, die die Pferde und auch alle anderen Tiere schützen?	☐ Sie stehen im Tierschutzgesetz.
🐴 Was steht in Paragraph 1 dieses Gesetztes?	☐ Niemand darf einem Tier ohne vernünftigen Grund Schmerzen, Leiden oder Schäden zufügen.
🐴 Wann erleidet ein Pferd ohne vernünftigen Grund Schmerzen?	☐ Wenn man das Pferd z.B. schlägt, es mit nicht angepassten Sattel oder Trense reitet oder mit scharfen Gebissen oder Sporen reitet.
🐴 Wann muss ein Pferd ohne vernünftigen Grund leiden?	☐ Wenn man das Pferd z.B. ohne Wasser und Sonnenschutz auf die Weide stellt, oder bei Krankheit den Tierarzt nicht ruft.
🐴 Wann erleidet ein Pferd ohne vernünfigen Grund einen Schaden?	☐ Wenn das Pferd z.B. zu hohe Hindernisse springen muss und sich dabei verletzt. Auch das Kupieren des Schweifs, das Ausscheren der Ohren und Entfernen der Tasthaare sind Schäden. Dies ist in Deutschland mittlerweile verboten.
🐴 Was bedeutet artgerechte Haltung?	☐ Es bedeutet: • Großer, heller, luftiger Stall • Kontakt zu anderen Artgenossen • Gründliche Pflege • Angemessene Fütterung • Ausreichende Bewegung
🐴 Darf der Reiter dünne Gebisse und /oder scharfe Sporen benutzen?	☐ Ja, aber nur wenn sie sachgemäß eingesetzt werden. Das Gebiss muss bei Pferden mindestens 14 mm, bei Ponys 10 mm dick sein. Gemessen wird außen am Maulwinkel.
🐴 Wann verstößt ein Reiter gegen den Tierschutz, wenn er Hilfszügel benutzt?	☐ Wenn der Reiter mit den Hilfszügeln den Hals des Pferdes gewaltsam krumm zieht.
🐴 Hat das Pferd auch einen Tag in der Woche frei?	☐ Nein – das Pferd benötigt freie Bewegung. Ist dies gewährleistet, muss das Pferd nicht täglich bewegt werden.

A - G	Einreiten im Mittelschritt
G	Im Gatter halten und Grüßen
G - C	Im Mittelschritt anreiten auf rechter Hand
M	Im Arbeitstempo antraben, Leichttrab (einmal herum)
Nach C	Auf die Viertellinie abwenden, Leichttraben durch die Kegel
Vor A	Rechte Hand
K - M	Durch die ganze Bahn wechseln
M	Halten, Bügel überschlagen, Anreiten im Schritt
C - X - C - X	Auf den Zirkel geritten (einmal herum)
M	Halten, Bügel aufnehmen, Anreiten
C - A	Angaloppieren
A	Arbeitstempo Trab
C	Mittelschritt
H	Links abwenden – 4 Stangen im leichten Sitz, dann geradeaus, am Hufschlag re.
B	Antraben
F	Leichter Sitz
A	Auf den Zirkel geritten
X - A -X- A	Im leichten Sitz eine Runde
A - C	Angaloppieren
C	Im Arbeitstempo Trab
A - G	Abwenden auf die Mittellinie
G	Halten und Grüßen

Trage die Dressuraufgabe in das Viereck ein

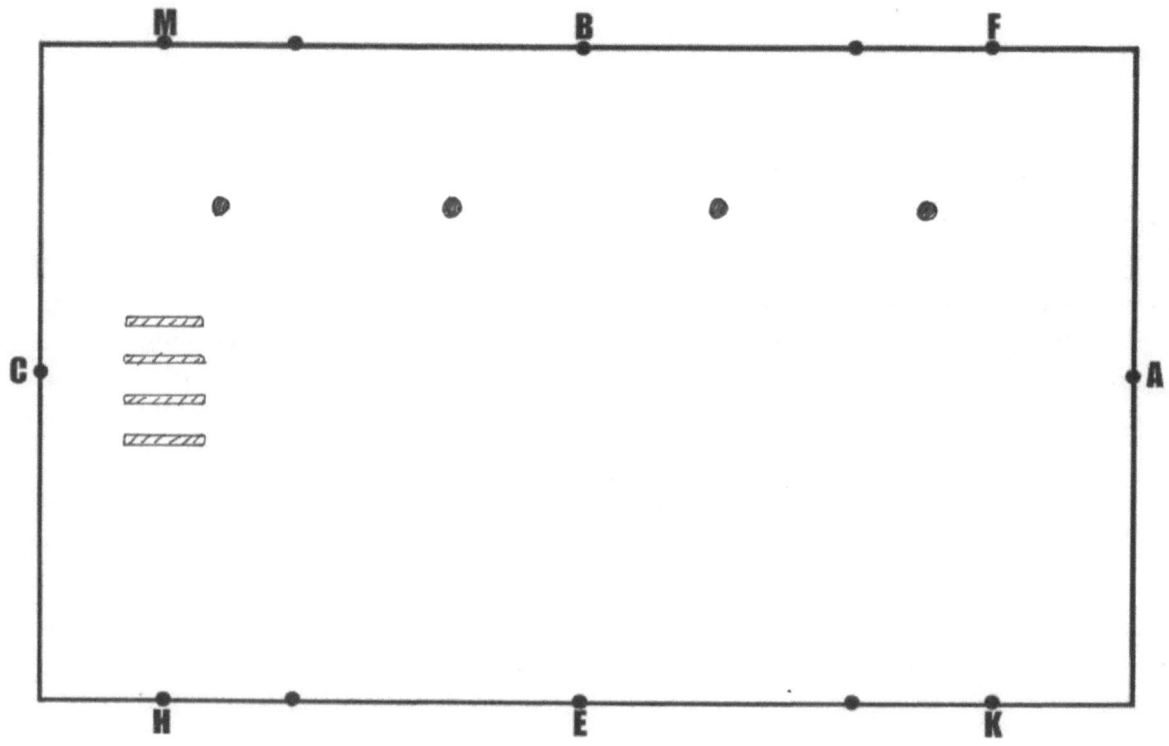

36

Vorschlag einer Aufgabe für die Bodenarbeit RA 8

X	Aufstellung
X – C	Links Anführen, bei C auf linke Hand
H – K	Gangmaß im Schritt verstärken
A	Abwenden auf die Mittellinie, im Slalom um die Kegel
G	Halten, Führseite wechseln, Anführen auf rechter Hand
M – F	Gangmaß im Schritt verstärken
A	Abwenden auf die Mittellinie, Slalom um die Kegel, am Ende rechte Hand
G	Halten

Trage die Führaufgabe in das Viereck ein!

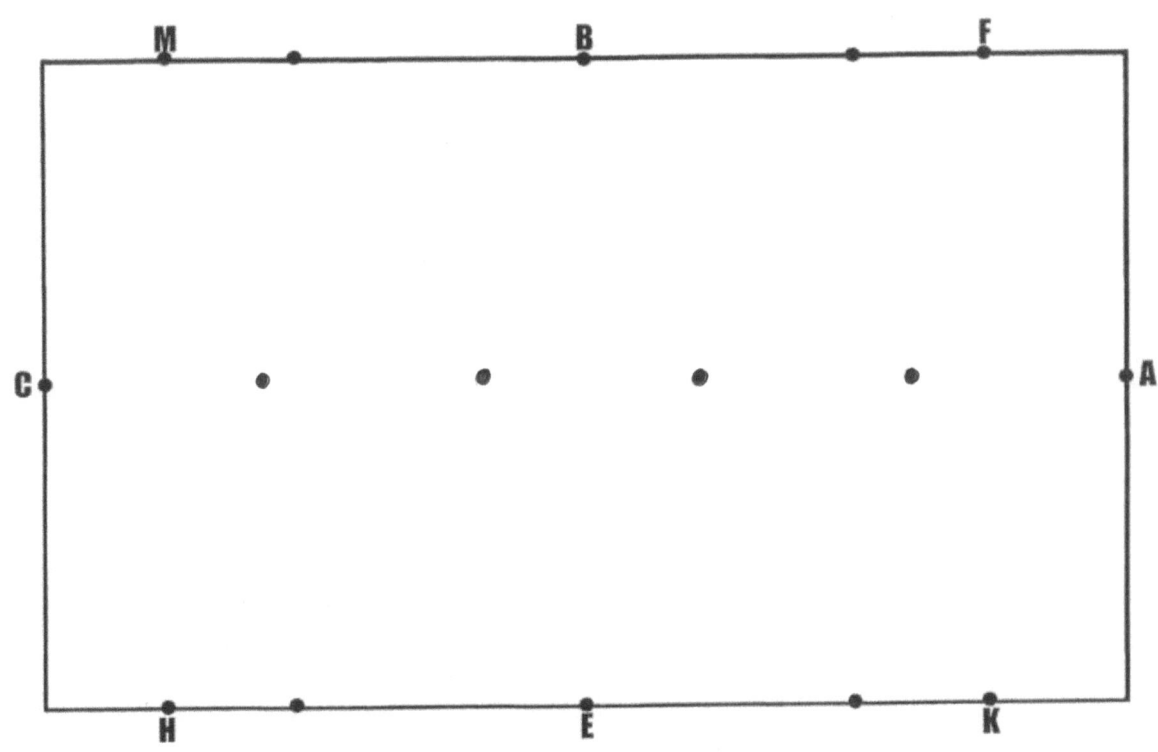

Praktische Prüfungen für das RA 8

für _____

Bodenarbeit an der Trense: bestanden am:

Führen und Halten punktgenau	
Geradeaus beidseitig	
Slalom	
Gangmaßwechsel im Schritt	
Zur Seite weichen lassen	
Loslassen auf der Weide	

Am Pferd: bestanden am:

Pferd satteln mit Sattelbau	
Pferd trensen mit Trensenbau	
Ausbinder korrekt anlegen	
Martingal korrekt anlegen	
Lederpflege	

Praktisches Reiten: bestanden am:

Auf- und Absitzen	
Nachgurten	
Schritt reiten mit und ohne Bügel	
Trab reiten im Aussitzen	
Trab reiten im Leichttrab	
Galopp reiten	
Ganze Parade	
Durch die ganze und durch die halbe Bahn wechseln	
Einfache Schlangenlinie	
Slalom	
Leichter Sitz über Stangen	
Proberitt Reitabzeichen 8	

Theoretische Prüfungen für das RA 8

für _____

Thema	Seite	bestanden am:
Ausrüstung für Pferd und Reiter	4	
Hilfsmittel und Hilfszügel	5,6	
Auf- und Absitzen, Nachgurten, Bügellänge	7,8	
Grundsitz/ Leichter Sitz	9,10,11	
Losgelassenheit und Lösen	12	
Leichttraben	13	
Hilfengebung	14,15,16	
Bahnordnung	17,18	
Bahnfiguren	19	
Rassen	20,21	
Farben	22,23	
Abzeichen	24,25,26	
Anatomie	27,28	
Futtermittel und Fütterungstechniken	29,30	
Krankheiten	31,32,33	
Bodenarbeit	34	
Tierschutz	35	

Impressum

© 2025 Ute Schmidt

Kontakt:
E-Mail: ute@tschmidt.de

Urheberrecht

Die durch die Seitenbetreiber erstellten Inhalte und Werke auf diesen Seiten unterliegen dem deutschen Urheberrecht. Die Vervielfältigung, Bearbeitung, Verbreitung und jede Art der Verwertung außerhalb der Grenzen des Urheberrechtes bedürfen der schriftlichen Zustimmung des jeweiligen Autors bzw. Erstellers.

Verlag:
BoD · Books on Demand GmbH, In de Tarpen 42,
22848 Norderstedt, bod@bod.de
Druck:
Libri Plureos GmbH, Friedensallee 273,
22763 Hamburg
ISBN: 978-3-7386-3744-1